Leo & Lena

und das schönste Haus der Welt

Deutsch von Michael Stehle

Die Originalausgabe erschien 2009 unter dem Titel
Clancy and Millie and the Very Fine House
im Verlag Little Hare, Sidney

ISBN 978-3-8251-7744-7
Erschienen 2010 im Verlag Urachhaus
www.urachhaus.com

Gedruckt in China

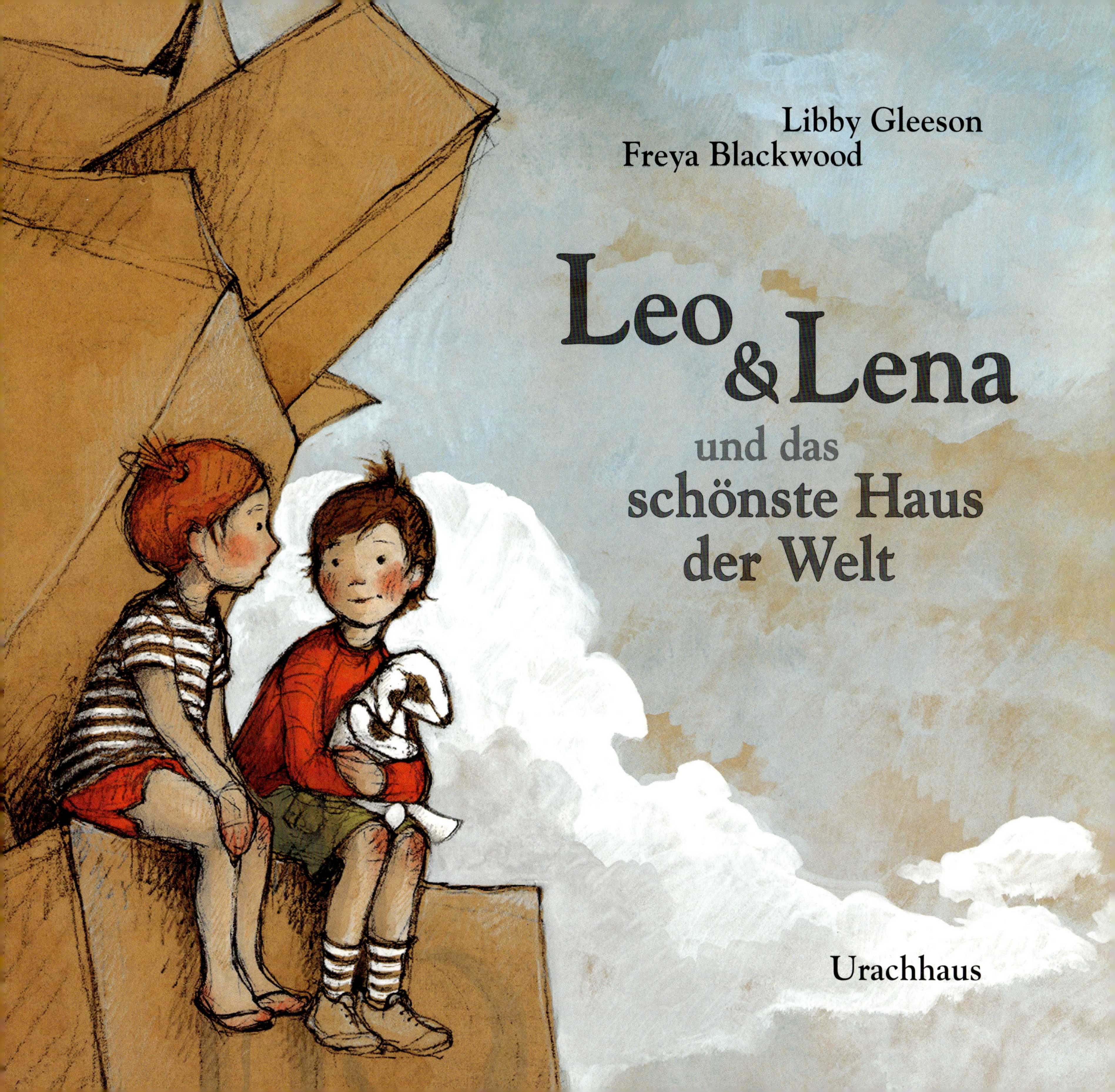
Libby Gleeson
Freya Blackwood
Leo & Lena
und das schönste Haus der Welt
Urachhaus

Leo ist umgezogen. Und zwar von diesem Haus …

… in dieses.

»Was für ein schönes Haus!«, sagt Leos Mutter.

»Eine sehr komfortable Wohnung«, sagt Leos Vater.

»Es ist zu groß«, flüstert Leo.

Leos Mutter führt ihn von Zimmer zu Zimmer.

»Sieh dir nur diese schöne Küche an. Die ist viel besser als unsere alte.«

Leo erinnert sich an die Spielküche
unter dem alten Tisch.

»Und dieses herrliche Wohnzimmer. Das ist viel schöner als das alte.«

Leo denkt an das Feuer
im alten Kamin.

»Und erst dein großes, gemütliches Zimmer!«,
sagt seine Mutter. »Das ist viel schöner als das alte.«

Leo denkt an den Mond
und die Sterne.

»Es ist zu groß«, sagt er.
Aber seine Mutter ist schon
weitergegangen.

Leo geht in den Hof und
tritt gegen die Stöcke und Steine
auf dem Boden.

Er bückt sich und sieht
einer dicken Schnecke zu,
die sich in ihrem Haus versteckt.

Dann geht er und
sieht sich die Kartons an.

Da sind große und kleine,
dicke und dünne, graue und bemalte.

Er findet den Karton vom Kühlschrank
und den von der Waschmaschine;
die Kartons für die Küche,
für die Spiel- und die Sportsachen,
die Badesachen und Bücher.

Er stößt und schubst sie
von hier nach da.

Unter den einen kriecht er,
an dem anderen riecht er.

Dann hört er eine Stimme.

»Kann ich mitspielen?«

Ein Mädchen klettert
über den Zaun und landet
neben ihm.

»Ich bin Lena«, sagt es. »Und wie heißt du?«

»Leo.«

Sie bauen einen Turm aus den Kartons …

… und als er umfällt, wird ein Zug daraus – so lang, dass der Hof zu klein wird.

»Komm, wir bauen ein Haus«, schlägt Leo vor, »und spielen *Wer hat Angst vor dem bösen Wolf*. Ich bin das erste kleine Schweinchen und du der böse Wolf. Du musst strampeln und trampeln und husten und pusten, bis mein Haus zusammenfällt.«

Und das tut Lena.

»Jetzt bin ich dran«, sagt Lena. »Ich bin das zweite Schweinchen und du der böse Wolf. Du musst strampeln und trampeln und husten und pusten, bis mein Haus zusammenfällt.«

Und das tut Leo.

»Jetzt bin ich das dritte Schweinchen, das Schweinchen Schlau«, sagt Leo. »Das hier wird mein Haus aus Stein und der böse Wolf kann nicht herein.

Nicht einmal wenn er strampelt und trampelt
und hustet und pustet, damit mein Haus zusammenfällt.«

»Was für ein schönes Haus!«, sagt Lena.

»Eine sehr komfortable Wohnung«, sagt Leo.